ELOGE

DE

LOUIS DAUPHIN

DE FRANCE,

Par M. THOMAS.

Noſcere provincias, noſci exercitui, diſcere à peritis,
ſequi optimos, nihil appetere jactationè.
Imperare poſſet magis quàm vellet.   *Tacit.*

A PARIS,

Chez REGNARD, Imprimeur de l'Académie
Françoiſe, Grand'Salle du Palais, &
rue baſſe des Urſins.

M. DCC. LXVI.

ELOGE

DE
LOUIS DAUPHIN

DE FRANCE.

EN célébrant le Prince que la France regrette, ce n'eſt pas un vain éloge que j'entreprends. Qu'importent à une cendre inſenſible nos regrets & nos louanges ! Quelques vérités utiles à ceux qui comme lui ſont deſtinés à gouverner, honoreront plus ſa mémoire que les larmes que nous pouvons verſer ſur ſa tombe. O vous qui le pleurez, c'eſt là l'hommage qui eſt digne de lui. Je vais rendre compte à la Patrie de ſes travaux, de ſes penſées, de tout ce qu'il eut voulu faire pour la rendre heureuſe. Je ſais que moiſſonné à la fleur de ſon âge, il n'a pu former

qui pouvoient acquérir de la force, tout inquié-
toit & alarmoit nos pères. L'Etat fatigué des
longues agitations du règne de LOUIS XIV, ne
déſiroit que le repos. C'eſt dans ces circonſtances
que naquit LOUIS DAUPHIN DE FRANCE.
La naiſſance d'un Enfant qui doit régner eſt un
grand événement pour l'Univers. Ce moment dé-
cide peut-être ſi un Peuple entier pendant quarante
ans doit être heureux ou malheureux : & tandis
que le Peuple qui n'a jamais que la penſée du
moment, entoure avec des bénédictions le berceau d'un Enfant, le Citoyen ſage & ſenſible lève
ſes mains au Ciel, & demande à Dieu que cet
Enfant ſoit juſte.

Le DAUPHIN étoit né pour le bien ; mais il
falloit commencer par ſoutenir la plus terrible des
épreuves, celle de ſon rang. Il étoit Prince, &
il le ſavoit. Dans un âge où l'eſprit ne voit aucuns
rapports, où l'ame eſt trompée par les ſens ſans
être aidée par la réflexion, où les événemens n'ont
pu donner de forme au caractère, comment ré-
ſiſter à toute la pompe de l'éducation royale ?
Comment ſoupçonner l'égalité des hommes, lorſque tant de reſpects effacent cette idée ? Comment ſentir ſa foibleſſe, parmi tant de forces aux-
quelles on commande ? Pour rompre ce charme
dangereux, il faudroit mettre l'Enfant aux priſes
avec la Nature, il faudroit lui donner l'éducation

invincible des événemens & de la néceffité, le familiarifer avec fa foibleffe, le fatiguer fous fa propre ignorance. Il faudroit fur-tout l'élever hors des Cours, lui cacher peut-être fon rang, & ne lui apprendre ce fecret que lorfqu'il auroit affez de vertu pour en être épouvanté. Mais ces vues ne paroîtront que des chimères au plus grand nombre des hommes; & l'habitude, le plus fort des empires, gouvernera toujours les Peuples & les Rois.

La Religion avec la probité préfida à l'éducation du Prince; mais il retira peu de fruits de de ces premières années. La Nature lui réfervoit la gloire de fe créer lui-même; & dès qu'il fe connut, il recommença fon éducation. Il fe livra d'abord aux charmes de cette littérature fi touchante pour ceux qui la cultivent, fi dédaignée par ceux qui ne fentent rien. Il prêtoit l'oreille à la tendre harmonie des Poëtes. L'Orateur de Rome portoit dans fon ame la douce impreffion de fon éloquence. L'étude des Langues lui ouvrit tous les fiècles & tous les pays. Il apprit à juger les Nations dans leurs ouvrages. Tous les Arts vinrent former fon goût. Il admiroit cette efpèce de création qui donne de la vie aux couleurs, des paffions au marbre, du mouvement à l'airain. Un Art plus enchanteur encore vint s'emparer de fon ame, c'est celui qui fait naître le fentiment de l'harmonie des fons. La Mufique, qui chez les Anciens faifoit partie de la politique, devroit peut-être entrer dans l'éducation de tous les Princes. Trop portés par leur élévation à une certaine fierté de caractère, peut-être feroient-ils heureux de n'être pas infenfibles à un Art, qui en réveillant les plus douces émotions dans l'ame, la difpofe à l'attendriffement & à la pitié.

Je ne crains pas qu'on reproche au DAUPHIN la connoiffance & le goût de ces Arts d'agrément. Chargé de les protéger, le Prince doit les connoître. Lui feul peut les porter au grand; lui feul peut lutter contre la pente invincible qui, dans les temps de luxe & de molleffe, force le talent à fuivre le cours de fon fiècle, & à fe rétrécir ou fe corrompre. Mais leur connoiffance ne forme dans le Prince qu'une éducation de fentiment & de goût. Il en eft une autre plus relative au bonheur des Peuples & au devoir des Rois, & qui eft le fruit combiné des études les plus profondes.

Comme il eft un moment dans la Nature où la raifon fe forme, où l'exiftence s'étend, où l'homme, qui jufqu'alors n'avoit vécu que pour lui-même, vit dans fes femblables & s'agrandit par fes rapports; il eft un moment pareil où le jeune Prince, digne de gouverner un jour, commence à naître pour fes Etats, & voit pour la première fois les rapports qui le lient au fort de vingt millions d'hommes, & qui lient vingt millions d'hommes à lui. D'abord il s'étonne & s'enorgueillit peut-être. Bientôt il est effrayé. Telle est la révolution qui se fit dans le DAUPHIN de la France il y a quinze ans.

Il avoit assez de lumières pour sentir que l'étude du gouvernement avoit besoin d'un esprit vigoureux & profond, accoutumé à réfléchir & à commander à ses idées. La pensée, comme un coursier rebelle, résiste à ceux qui n'ont pas pris l'habitude de la dompter. Il vit donc qu'il falloit d'abord travailler son esprit, & former l'instrument avant de commencer l'ouvrage. Il se jeta dans l'étude des Livres philosophiques. D'abord il étudie la Logique de ces solitaires célèbres, admirateurs, rivaux & compagnons de Pascal. C'est là qu'il apprend cet Art qu'on a réduit en règles, de lier ensemble ses idées, & de passer de l'une à l'autre en les enchaînant par leurs rapports. Pour juger combien cet Art est utile au Prince, qu'on pense qu'un faux raisonnement dans un Conseil a souvent préparé la chute d'un Etat. Ces secours ne lui suffisoient point. Il s'applique à l'étude des Philosophes les plus célèbres. Le père & le créateur de la philosophie moderne lui offre sa méthode & son doute. Il recherche avec Mallebranche les erreurs de l'imagination & des sens,

& s'affure du caractère de la vérité. Il fuit pas à pas dans Loke la marche & le développement de l'efprit humain. Ces ouvrages faifoient les délices de ce Prince & l'objet de fes méditations. C'étoit là qu'il mûriffoit fon efprit pour des études plus re-levées. Il y a plus de rapport qu'on ne croit entre l'efprit du Philofophe & celui du Prince. Dans tous les deux l'inftrument eft le même ; l'objet feul des travaux eft différent. Tous deux doivent apprendre à généralifer leurs idées , à faifir de grands réfultats, à fuivre l'enchaînement des effets & des caufes. Tous deux doivent fe faire des prin-cipes qui affurent leur marche , autour defquels ils puiffent raffembler les détails & les lier d'une chaîne commune. Tous deux doivent appuyer ces principes, non fur le préjugé , fur des idées paffa-gères & des conventions d'un moment , mais fur l'ordre & les rapports immuables des chofes. Tous deux enfin doivent éviter l'efprit de fyftème qui égare au lieu de guider. C'eft dans les mêmes vues que le DAUPHIN avoit étudié l'hiftoire immenfe de la Philofophie. Ce vafte tableau des opinions & des erreurs lui apprenoit à connoître l'efprit humain : il voyoit quelles opinions ont été liées avec les climats, les fiècles, les gouvernemens & l'influence qu'elles ont eu fur le fort des Peuples & des Rois.

Quand il eut effayé fon ame , & développé en

lui cette portion de l'efprit philofophique qui fuit
la chaîne des objets, il fe livra tout entier à l'étude
qui devoit l'occuper le refte de fa vie. D'abord il
fe forma pour lui-même un plan raifonné de tous
les objets du Gouvernement.

Il n'y a des Peuples & des Rois que depuis que
les fociétés font établies. Pour connoître l'étendue
du pouvoir fouverain, il étoit donc remonté à
l'origine de ces grands corps, qui raffemblant les
hommes épars fur la terre, ont formé de toutes
les volontés une feule volonté, & de toutes les
forces divifées une force publique & générale.
C'eft dans ce moment qu'il avoit vu la fouveraineté
élever fa tête au milieu des hommes. Elle étoit
appuyée fur la Loi ; mais elle paroiffoit marcher
entre le Defpotifme & l'Anarchie ; & la Loi vigi-
lante mefurant fes pas, la tenoit toujours à une
égale diftance de ces deux termes. Le DAUPHIN
avoit médité tous ces Livres célèbres, qui en
marquant les rapports du Souverain avec le Peuple,
ont établi les fondemens du Droit public. Mais
la droiture de fon ame, qui cherchoit toujours la
vérité, ne lui faifoit voir fouvent qu'avec indi-
gnation dans ces Livres vantés les préjugés de
l'homme mis à la place des loix de la Nature, la
force érigée en droit, le fang des peuples vendu
aux caprices de la tyrannie, la fervitude autorifée
par des raifonnemens d'efclaves, la dignité de la

nature humaine méconnue par des hommes, le peuple calomnié devant ſes chefs, & des Ecrivains foibles ou mercénaires, qui aſſez hardis pour ſe charger de la cauſe du genre humain, la trahiſſoient indignement pour un vil intérêt d'honneurs ou de fortune. Il ſentoit que la grandeur des Souverains étant d'être juſtes, c'étoit offenſer les Rois que de leur livrer les peuples comme des troupeaux. C'eſt dans ces vues d'humanité qu'il avoit peſé le droit de la guerre. Je goûte une ſatisfaction bien douce, en apprenant aux hommes qu'il y avoit un Prince deſtiné à régner ſur eux, qui n'avoit que de l'horreur & du mépris pour ce brigandage inſenſé. Il ne croyoit pas que la conquête d'une Province pût être miſe en balance avec la vie d'un homme; & le Prince qui remportoit une victoire injuſte, lui paroiſſoit être autant de fois aſſaſſin & meurtrier, qu'il périſſoit d'hommes ſur le champ de bataille.

Inſtruit de l'origine & de l'étendue du pouvoir ſouverain, & du rapport des Nations avec les Nations, il cherche les moyens de procurer à l'Etat qui doit lui être confié, la plus grande félicité du plus grand nombre; mais pour y parvenir, il faut qu'il connoiſſe les hommes. Un Dauphin ne les voit point agir. Il ne les entend pas. Sa dignité qui en impoſe, arrête toutes les paſſions. Le Prince qui pendant trente ans n'a vu que des courtiſans, n'a pas encore vu d'hommes. Il a donc befoin d'être tranfporté dans un pays nouveau, où la nature fe déploye avec toutes fes foibleffes, où l'on voye le jeu de tous les refforts, où les vices n'ayent plus de mafque, où les fourberies politiques portent leur nom. Ce pays eft l'hiftoire. Le DAUPHIN la parcourt avec avidité. Il voit dans les hommes qui ont vécu, ceux qu'il doit gouverner un jour. Il y trouve la morale toujours incertaine des Particuliers, & la morale encore plus flottante des Etats. Il y étudie l'art de faire fortir du milieu de tous ces chocs & de toutes ces réfiftances, la plus grande fomme de bonheur. Les hommes qui ont régné, attirent fur-tout fes regards. Si tout à coup on tranfportoit un jeune Prince dans un vafte & immenfe maufolée, où les cendres de tous les Souverains qui ont exifté fur la terre, Rois, Pontifes, Empereurs, ou Califes, fuffent réunies, & qu'il pût voir écrit fur chacune de ces urnes royales le jugement des Nations & de la Renommée, là le refpect & l'amour, ici la haine & le mépris, quelle impreffion ne feroit pas fur lui ce grand fpectacle ? Voilà ce qu'eft l'hiftoire pour le Prince. Du milieu de tous ces tombeaux, il voit s'élever l'image redoutable de la poftérité qui lui crie, c'eft ici que tu feras toi-même placé, c'eft ici qu'un jour tu dois être jugé. L'hiftoire des Républiques anciennes avoit élevé fon ame par le

ſpectacle des vertus. Les Etats modernes, malgré le vice & la foibleſſe de leurs inſtitutions, lui
avoient offert des leçons utiles. Mais il s'arrête
ſur l'hiſtoire de la France. Ses loix & ſa conſtitu-
tion, les droits des Rois & ceux des Peuples,
les maux de l'anarchie & les maux du deſpotiſme,
la ſource de la grandeur ou de la décadence dans
chaque époque, les avantages ou les abus de
chaque principe d'adminiſtration, les orages des
guerres civiles, les convulſions du fanatiſme, le
choc de deux pouvoirs rivaux, les ſuites cruelles
d'une autorité uſurpée ; il cherche à tout voir &
à profiter de tout. Il ſuit avec attention à travers
les différens ſiècles l'origine, les progrès & les
changemens de ces puiſſances intermédiaires qui
ſont de l'eſſence des Monarchies, qui conſer-
vent le dépôt des Loix, & veillent ſur les for-
mes dont doit être revêtue l'autorité ſouveraine.
C'étoit dans cette hiſtoire qu'il avoit appris à connoître & à juger ſa Nation. Il avoit vu dans tous
les temps de la Monarchie une Nation aimable
& généreuſe, gaie dans le malheur, brave dans
les combats, plus près de l'excès que de l'opiniâ-
treté du courage, plus faite pour être gouvernée
par les mœurs que par les loix, plus ſenſible à
l'opinion qu'à la vertu, auſſi impétueuſe dans ſa
foibleſſe que dans ſa force, brillante & légère,
profondément occupée aujourd'hui de ce qu'elle

oubliera demain ; ardente , capable d'enthou-
fiafme, incapable des grands crimes, & peut-être
de tout ce qui demande de l'énergie & de la fuite
ou dans le bien ou dans le mal. Il penfoit qu'une
telle Nation avoit plus befoin de Chefs qu'une
autre pour la conduire ; que les principes qui lui
manquoient, devoient être dans la tête du Prince ;
qu'en donnant une ame à cette force impétueufe,
on pouvoit vaincre les plus grandes réfiftances ;
que le reffort de l'honneur , plus fort que les
récompenfes & que les peines, pouvoit fuppléer
à toutes les vertus, & rendre toutes les paffions
utiles.

L'Hiftoire lui avoit donné la connoiffance des
hommes ; mais elle ne pouvoit lui donner celle
des Provinces & de l'état actuel du Royaume.
Le Duc de Bourgogne fon aïeul , avide comme
lui de s'inftruire , avoit demandé des Mémoires
aux Intendans. Mais il ne fe trouva qu'un feul
homme , ou inftruit, ou actif, ou digne de fervir la
Patrie & le Prince ; & l'héritier de la France ne
put parvenir à la connoître. Inftruit par cet exemple, le DAUPHIN défiroit de voyager lui-même
dans les Provinces. Il fentoit que c'étoit là une
des meilleures parties de l'éducation d'un fils de
Roi. En effet, qu'apprend-on dans une Cour ? Quel
fpectacle y vient intéreffer l'ame ? Quels malheureux y réveillent la fenfibilité ? Quels objets y

éclairent l'efprit & agrandiffent fes connoiffances ? Du luxe, de l'orgueil, & du fafte, voilà les
leçons des Cours. C'eft en parcourant les Provinces, qu'un fils de Roi deviendroit homme &
politique. C'eft là qu'il pourroit eftimer les forces
d'une Nation : car la Nation n'eft point dans les
Palais ; elle eft dans les fillons des campagnes,
fous le chaume du Laboureur, dans l'atelier de
l'Artifan, fous les toits obfcurs de la médiocri-
té. C'eft là que font les armées & les flottes, les
mains qui nourriffent l'Etat, les bras qui le dé-
fendent, les arts qui l'enrichiffent. Près des Cours
on ne fent ni la misère ni la dépopulation d'un
Etat. A mefure que les Campagnes fe dépeuplent,
la Capitale fe remplit. L'or, par une pente invincible, y coule fans ceffe du fond des Provinces.
Le luxe même y cache la misère ; & l'indigence,
pourfuivie par la honte, apprend, pour lui échapper, à imiter la richeffe. Mais dans les Provinces
on voit à découvert l'état d'un Royaume. S'il
eft malheureux, la misère y traîne fes lam-
beaux ; la pâleur y décèle le befoin. Dans le
filence des campagnes, on entend mieux les cris
des enfans qui demandent du pain à leur mère
affamée. La vue d'une chaumière qui tombe en
ruine ou d'une grange entr'ouverte, feroit naître
plus d'idées utiles au Prince que toute la pompe
des Palais des Rois. Le DAUPHIN étoit vive-

ment

ment frappé de l'utilité de ces voyages. Et lorſqu'il commença à s'affoiblir, lorſqu'il eſpéroit
encore, & que la France eſpéroit avec lui, le premier uſage qu'il eût voulu faire de ſa ſanté, ô
Peuples, eût été l'exécution de ce projet. Mais
s'il y a des connoiſſances qu'il étoit obligé d'attendre, il alloit au-devant de celles qui ne dépen-
doient que de l'activité de ſon eſprit.

Il avoit vu que tout gouvernement utile aux
Peuples eſt fondé ſur les Loix. Il veut donc les
connoître. Mais le Prince n'a pas beſoin de les
étudier comme le Magiſtrat. Celui-ci doit en
ſuivre les détails ; l'autre doit en ſaiſir l'enſemble
& l'eſprit général. Lorſque le DAUPHIN commença cette grande étude, depuis quelques années paroiſſoit en France ce Livre célèbre, où
toutes les Loix de l'Univers ſont enviſagées
ſous tous leurs rapports. Le DAUPHIN l'avoit
lû avec la réflexion d'un Homme d'Etat. L'obſcurité répandue quelquefois ſur cet ouvrage utile,
& profond lors même qu'il ne paroît pas l'être, lui
fit déſirer d'entendre & de conſulter l'Auteur lui-
même. Déja il étoit aſſez inſtruit pour l'admirer
ſouvent, & le combattre quelquefois. Il lui propoſa
ſes doutes ; & tel fut le ſuccès de ces conférences,
que le DAUPHIN aima toujours & reſpecta ce
grand Homme, lors même qu'il ne penſoit pas
comme lui. Ainſi un Roi célèbre du Nord conſulta

B

Léibnitz sur la Légiflation ; & le Philofophe eut la gloire d'éclairer le Prince.

Fidèle au plan qu'il s'eft tracé, il defcend de ces idées fur toutes les Loix du Monde, aux Loix particulières de la France. Il avoit jeté les yeux fur ce chaos. Il avoit vu prefque toutes nos Loix politiques & civiles prendre leur fource dans ce gouvernement fingulier qui établit à la fois la dépendance des chofes & celle des perfonnes, fit naître une foule de droits fur un même Domaine, créa des Seigneurs, fit des maîtres, & oublia les hommes, compofa la puiffance fouveraine d'une foule de petits pouvoirs enchaînés & dépendans, dont la chaîne fe relâchoit à mefure qu'elle devenoit plus étendue, efpèce d'ariftocratie tumultueufe & de defpotifme divifé, qui avoit la dépendance des Monarchies fans l'activité de fon principe, & les troubles des Républiques fans leur liberté. Du fein de ce gouvernement féodal le DAUPHIN avoit vu fortir nos Loix fur les diftinctions des biens, fur celles des perfonnes, fur les priviléges des rangs, fur les droits des Domaines, fur les fucceffions des Citoyens & la foule prefqu'innombrable de nos Coutumes. La France lui parut comme accablée fous le fardeau de fa légiflation; & il défiroit qu'en écartant ce qui eft fait pour d'autres fiècles ou d'autres mœurs, on mît enfin une jufte harmonie entre nos befoins & nos Loix.

Dans l'étude des Loix criminelles, il s'élève jusqu'à ce point de la morale politique, qui tend plus à prévenir les crimes qu'à les punir, & empêche le Législateur d'en être le complice. Les mœurs, autre espèce de Loi qui dirige l'opinion publique & qui en fait la force, avoient également fixé son attention. Mais il voyoit avec douleur que ce ressort s'affoiblissoit tous les jours parmi nous. On l'a entendu déplorer cette vénalité honteuse qui a mis un prix à tout, même à la vertu. On l'a entendu chercher par quels moyens on pourroit remettre l'or à sa place, jusqu'où pouvoit s'étendre l'influence des Chefs sur le caractère des Peuples; & si dans la Cour d'un Monarque, en dirigeant utilement la dépendance & l'intérêt, on ne pourroit pas faire servir les vices même d'instrument aux vertus.

Mais en remarquant dans son siècle cette pente générale des ames vers la corruption & l'amour de l'or, il avoit vu dans tous les esprits une sécousse utile, qui les portoit à la recherche de tous les grands objets de la politique. Chaque siècle a son esprit & son caractère. Le Prince est sur la hauteur, & sa fonction est d'observer la pente & le cours du torrent. S'il a du génie & une véritable force, il le devance. Quand la direction est funeste, il se met au devant pour la rompre. Mais s'il est sans vigueur & sans énergie dans l'ame, & qu'il reste derrière le torrent qui entraîne la Nation , alors il n'eſt point fait pour ſon ſiècle , & ſon ſiècle n'eſt point fait pour lui. Il perd & laiſſe échapper le moment de cette utile fermentation. Alors la Nature s'eſt trompée ; & faute d'avoir établi le rapport néceſſaire entre une ame & celle de quelques milliers d'hommes placés autour de celle-là , ſon but eſt manqué , & l'ouvrage de l'humanité perfectionnée reſte encore ſuſpendu pour des ſiècles. Le DAUPHIN ne vouloit point que s'il étoit un jour appelé au Trône de la France , il pût ſe reprocher de n'avoir pas fait aux hommes tout le bien qu'il pouvoit leur faire. Il ſavoit que l'agriculture , le commerce & les finances ſont les trois grands reſſorts dans les Etats modernes , comme la vertu & l'amour de la Patrie dans les conſtitutions anciennes ; & il avoit réſolu de s'inſtruire à fond ſur tous ces objets de l'économie politique. O vous , qui que vous ſoyez ſur la Terre , qui êtes deſtinés à régner , vous qui êtes aſſis ſur les marches des Trônes , apprenez par l'exemple de ce Prince à vous inſtruire. Le Statuaire s'exerce à manier le ciſeau. Le Peintre étudie l'art des couleurs & deſſine les têtes de Raphaël. L'Architecte va parmi des ruines antiques meſurer les colonnes , & lever les proportions des Palais. Le plus difficile des Arts , l'Art de régner eſt-il donc le ſeul qu'il ne faille point apprendre ? Autrefois dans des Etats

môins grands , & où les mœurs faifoient prefque
tout , la vertu peut-être fuffifoit pour gouverner
les Hommes. Mais aujourd'hui les Etats font de
vaftes machines. Pour en diriger les refforts, il faut
les connoître. Un feul qui fe dérange arrête tous
les mouvemens. Vous ne pouvez vous tromper ,
qu'une Nation ne foit malheureufe. Un feul Edit
mal calculé fur les finances peut porter le défefpoir dans vos campagnes , & ôter cent mille bras
à la Patrie. Une feule erreur fur le commerce
peut fermer vos Ports , & repouffer loin de vous
les richeffes étrangères. Les guerres injuftes , les
batailles perdues ne font que des fléaux d'un moment : mais les erreurs politiques font le malheur
d'un fiècle , & préparent le malheur des fiècles
fuivans. Le DAUPHIN étoit frappé de ces vérités
terribles , & il regardoit comme le premier devoir
de fon rang d'acquérir des connoiffances écono-
miques ; il les cherchoit dans les livres , dans les
converfations, dans des conférences réglées avec
des hommes inftruits. Il avoit donné une attention particulière au commerce , qui de tout temps
a eu tant d'influence fur les Etats , mais qui aujourd'hui eft devenu prefque la bafe de la politique
de l'Europe. En effet , depuis que l'or eft la mefure de tout , depuis que la grandeur des Etats fe
calcule , les moyens d'acquérir de l'argent , & les
canaux qui le portent , font devenus le premier

objet de l'adminiſtration. C'eſt dans les comptoirs des Marchands qu'on ſe diſpute les mers & les champs de batailles. Le DAUPHIN étudioit le commerce en Homme d'Etat. L'agriculture qui en eſt la ſource & la baſe, l'induſtrie qui l'étend en appropriant les productions aux beſoins des Peuples, la liberté qui en eſt l'ame, & qui par la confiance l'attire des bouts de l'Univers, le crédit public qui l'affermit en multipliant les richeſſes réelles par des richeſſes fictives, le change qui le facilite en fixant la proportion entre les valeurs relatives des ſignes, enfin cette balance utile du commerce, qui eſt aujourd'hui celle du pouvoir, & qui eſt le réſultat de l'équilibre entre ce que l'on donne & ce que l'on reçoit ; tous ces objets avoient été tour à tour le but de ſes méditations & de ſes recherches. Il avoit joint à cette étude, celle des finances qui devroient ſoutenir le commerce, & qui trop ſouvent le détruiſent. S'il eſt utile à un Prince d'être inſtruit de cette branche de l'adminiſtration, c'eſt ſur-tout dans ces criſes violentes où les reſſorts de l'Etat ſont preſque forcés, quand l'Etat créancier & débiteur de lui-même, s'effraye de ſes engagemens, quand les remèdes ſont preſque auſſi dangereux que les maux. C'eſt alors que le Prince a le plus beſoin de lumières pour comparer & pour choiſir. Témoin de toutes les ſecouſſes qui depuis quelques années

agitoient l'efprit national fur cet objet, le DAU-
PHIN fuivoit d'un œil attentif tous ces mouvemens, & faififfoit tous les traits de lumière qui
fortoient du choc des opinions & des fyftèmes.
Il avoit lu avec autant d'avidité que d'attention
les Mémoires de ce fameux Miniftre de Henri IV,
qui fera éternellement célèbre, & pour le bien
qu'il fit, & pour celui qu'il voulut faire. Il l'admiroit également, foit qu'en rétabliffant l'ordre, il
arrachât le Peuple à ceux qui le dévoroient, foit
que par une intrépide économie il éteignît les
dettes publiques, & pourvût aux befoins de l'Etat
fans nuire à ceux du Citoyen. Le fage & coura-
geux Sulli lui paroiffoit le modèle des Miniftres,
comme Henri IV le modèle des Rois. Avide de
s'inftruire, il a recours à tous les Hommes d'Etat.
Les uns l'inftruifoient par leurs difcours, & les
autres par leurs écrits. La fcience patriotique
veilloit fouvent par les ordres de ce Prince pour
lui compofer des Mémoires. C'eft de ces Mémoires comparés qu'il tâche d'extraire la vérité. Il
rapproche les fyftèmes. Il pèfe les avantages. Il
preffent les abus. Dans les grands ouvrages il faifit
les principes, & s'applique enfuite à développer
lui-même les conféquences. Dans d'autres il fé-
pare les vérités mêlées à des erreurs. Souvent il
remonte au principe des erreurs même, parce
qu'il eft utile de voir comment on peut s'égarer.

B iv

Il cherche le bien qui eſt quelquefois à côté du mal, & le mal qui trop ſouvent touche aux limites du bien. Il apprend à diſtinguer la ligne preſque inviſible que la Nature a tracée pour les Etats comme pour les Hommes, & ſur laquelle ſe trouve le bien politique comme le bien moral. Souvent il développe ſes idées par écrit, il les enchaîne par la méthode, & ſe forme une chaîne de principes qui lui préſente en un inſtant le ſpectacle & le fruit de pluſieurs mois d'étude. Je voudrois pouvoir citer ces écrits précieux, ils loueroient mieux ce Prince que ma foible voix. Mais ces écrits appartiennent à l'Etat. C'eſt le plus noble héritage qu'il ait laiſſé. Ils ſeront pour ſes Enfans l'image de ſon eſprit & de ſon ame; & même après ſa mort quelque choſe de lui ſera encore utile à la Patrie.

Je n'ai point encore parcouru tout le cercle de ſes connoiſſances; & il en avoit d'autres qu'on ne devoit point attendre d'un Prince qui n'étoit preſque jamais ſorti de la Cour. On ſera étonné d'apprendre qu'il connoiſſoit la Marine, comme s'il eût habité long-temps ſur des vaiſſeaux. Des Officiers de Mer interdits de l'entendre, ſe demandoient où il avoit appris le pilotage & l'art de la manœuvre. C'eſt ainſi que ce Prince avoit embraſſé tous les objets de l'adminiſtration publique. Au milieu d'une Cour & dans l'âge des paſſions, il s'étoit livré à des études profondes. Je n'exagère rien, en diſant que les heures qu'il n'employoit point à ſes travaux, lui paroiſſoient perdues. Nous ſavons aujourd'hui qu'il en donnoit trop peu au ſommeil, & qu'il forçoit la nuit à lui rendre le temps que les bienſéances & les devoirs lui avoient enlevé pendant le jour. O Peuples! c'étoit vous qui étiez le but de ſes travaux. C'étoit votre bonheur dont il s'occupoit. De ſon cabinet ſolitaire, où ſi ſouvent il médita en ſilence, il parcouroit vos Campagnes & vos Villes. La douce image de la félicité publique venoit errer devant ſes yeux, & le ſoutenoit la nuit au milieu de ſes veilles. Quelle eſt l'ame dure, quel eſt le Citoyen inſenſible & glacé qui, en voyant ainſi un jeune Prince ſe dévouer tout entier au travail pour le bonheur public, ne ſe ſente attendri par la reconnoiſſance & par l'amour?

Un homme remercia le Ciel d'être né du temps de Socrate, pour l'entendre & devenir meilleur. Le Dauphin le remercioit de l'avoir fait naître dans un temps où il pouvoit trouver aſſez de lumières pour s'inſtruire. En effet, nous ſommes dans le ſiècle où les Rois peuvent apprendre & faire de grandes choſes. Le temps n'eſt plus où l'Europe étoit diviſée en un certain nombre de Gouvernemens gothiques & barbares, fondés ſur l'ignorance & fur des coutumes de Sauvages. Le Peuple a ceffé d'être efclave ; les Nobles ont ceffé d'être tyrans ; le defpotifme a chaffé l'anarchie ; les mœurs ont affoibli le defpotifme ; l'intérêt & les fiècles ont amené les lumières ; on connoît mieux les rapports de tout ; on a balancé toutes les conftitutions ; on a perfectionné tous les Arts ; il s'agit enfin de perfectionner la Société : c'eft le grand but de la Nature ; ce doit être l'ouvrage des Rois. Quelques hommes ramaffent les pierres de l'édifice, & en deffinent le plan ; mais c'eft aux Rois à le conftruire. Ils ont l'empire de la force ; qu'ils y joignent l'empire du génie : la force alors fera dans chaque état ce qu'elle eft dans la conf-titution du Monde, le lien de toutes les parties, le principe de l'harmonie univerfelle. Mais pour produire ces grands effets, il faut que les Princes ayent paffé la moitié de leur vie à s'inftruire, & qu'ils paffent le refte à commander. O toi que nous regrettons, ô Prince ! tu n'as rien fait pour nous, mais le Citoyen fenfible n'honorera pas moins ta cendre de fes larmes. Ton cœur a en-tendu le vœu de l'humanité. Tu as connu tes de-voirs. Tu les a remplis. Tu as donné au foin pé-nible de t'inftruire tes plus belles années. Tu as cherché tous les moyens de faire un jour du bien aux hommes. Tu es quitte envers la Nature & la Patrie, & c'eft à nous à te pleurer.

Il est des Princes dont l'éloge est fini, quand on a loué leurs talens. Jamais le doux nom de la vertu ne fut fait pour eux. Ils étonnent, mais ils n'ont pas le droit d'attendrir & d'intéresser. Le Prince à qui nous offrons cet hommage, joignit à des connoissances profondes le mérite plus rare d'être vertueux. C'est un exemple de plus pour ceux qui doivent régner ; c'est un encouragement utile pour nous-mêmes, dans des temps où la vertu peut-être est devenue pénible. Ah ! si dans le dernier rang même elle mérite les éloges & le respect, ne l'honorerons-nous point placée près du Trône ? Ne soyons point ingrats, & n'oublions pas du moins qu'elle est utile.

Si l'homme est grand dans la nature, c'est par-ce qu'il peut perfectionner son ame. L'Univers physique obéit en aveugle aux loix qui le dirigent. Les limites invariables des êtres sont posées, & ils ne connoissent pas même la perfection qui leur manque. L'homme seul, en travaillant sur lui-même, peut ajouter à l'ouvrage de la nature ; il peut agrandir ses vertus, s'en créer de nouvelles, & perfectionner ses sentimens comme ses idées. C'est le devoir de l'homme, c'est sur-tout le devoir du Prince. Né pour commander aux Nations, il faudroit que la perfection de son ame suivît les rapports de sa puissance ; il doit donc se mesurer sans cesse avec l'étendue de ses devoirs, pour se rendre meilleur. Telle fut (& cet éloge donné à un Prince n'est point une flatterie) telle fut la constante occupation du Dauphin pendant les quinze dernières années de sa vie. Il étudioit l'art des vertus, en même temps qu'il apprenoit l'art des Rois, ou plutôt ces deux arts font le même. Le premier devoir du Prince est de se commander : le Dauphin exerça de bonne heure sur lui cet utile empire. Pourquoi craindrions-nous de dire qu'il avoit reçu de la nature des passions ardentes, & cette fierté qui dans un Particulier peut toucher à la grandeur, mais qui dans un jeune Prince devient trop aisément de l'orgueil. Je ne parle point de cet orgueil utile qui fait faire de grandes choses, mais de celui qui retrécit l'ame au lieu de l'étendre, & blesse l'humanité sans servir à l'Etat. Heureusement il connut bientôt que plus on est élevé, plus on est obligé de faire pardonner son rang, que les hommes refusent par orgueil ce que l'orgueil exige, & que ce n'est qu'en leur faisant du bien qu'il faut leur apprendre qu'on est au-dessus d'eux. Son esprit plus développé lui porta dans la suite les grandes idées de l'égalité des hommes ; mais il avoit déja commencé à travailler fortement sur lui-même. Un penchant impétueux le portoit à la colère : ce sentiment qui rendit Alexandre meurtrier de fon ami , & Théodofe affaffin de vingt mille de fes fujets , l'effraya dès qu'il le connut. Bientôt il fut fe vaincre , & telle étoit à la fin la douceur inaltérable de fes mœurs , qu'il n'avoit plus même le mérite de combattre. Je fais que des Princes font parvenus à fe vaincre par vanité. La vanité étoit dans leur ame le contrepoids des paffions ; & ils aimoient mieux fe tourmenter par des facrifices que fe déshonorer par des foibleffes. Dans le DAUPHIN ces combats généreux avoient pour principe la vertu même : la vertu , ce fentiment fublime qui échauffe les grandes ames , qui les élève au-deffus d'elles-mêmes , qui développe à leurs yeux toute la beauté de l'ordre moral , qui dirige leurs actions & leurs penfées ; non fur l'inftinct du moment, mais fur le plan éternel & invariable de la nature bien ordonnée ; ce fentiment qui retranche à l'homme tout ce qui eft vil , & ne lui laiffe d'activité que pour ce qui eft grand & jufte , étoit profondément gravé dans l'ame de ce Prince. La vertu préfidoit à fa penfée ; elle refpiroit dans fes difcours ; elle étoit devenue la bafe de fon caractère ; & à force de s'y conformer , il ne la fuivoit plus par principes , mais par befoin. De-là cette eftime , ou plutôt ce refpect fi tendre pour les hommes vertueux. Tout ce qui lui offre l'image de la vertu, a des droits fur fon cœur. Il la refpecte dans l'indigence, il va au-devant d'elle dans le malheur. Quand la vertu eſt malheureuſe, diſoit-il, c'eſt le crime des hommes ; c'eſt à ceux qui les gouvernent à le ré-parer. Il ne l'aviliſſoit pas au point de la croire inutile au Gouvernement des Etats. Il eût été bien loin d'adopter cette politique inſenſée de quelques Tyrans qui croyoient qu'il étoit peut-être bon de louer la vertu en public, mais qu'il falloit toujours la tenir éloignée des Trônes, qu'elle portoit de la foibleſſe dans les grands intérêts, que ces hommes juſtes ne ſavent que reſſerrer les limites de la puiſſance, qu'il faut toujours étendre, & que l'intérêt de l'Etat, c'eſt-à-dire, de ceux qui le gouvernent, eſt de ne con-fier l'autorité qu'à des hommes qui ſachent au beſoin avoir le courage de la honte & l'audace du crime. O Peuples, par quels monſtres vous avez été trop ſouvent gouvernés ! Le DAUPHIN eût aimé à raſſembler autour de lui les hommes vertueux : c'eût été un des projets de ſa grande ame. Quel ſpectacle que celui d'un Prince, qui du haut du Trône donne le ſignal à la vertu, lui crie : ſors de l'obſcurité, briſe tes chaînes, que l'inſulte & le mépris ceſſent de te pour-ſuivre ; viens te ranger auprès du Trône ; viens l'honorer, il eſt vil ſans toi. Que l'humanité ſoit vengée, qu'au ſon de ta voix elle lève ſa tête affoiblie ; viens, amène avec toi tous ceux qui fuivent tes préceptes fublimes ; uniffons-nous pour le bonheur des hommes. Mille fois les méchans fe font ligués pour le malheur & pour le crime ; montrons à la Terre une ligue nouvelle, la ligue de tous les hommes vertueux pour faire le bonheur d'une Nation. O vous, qui êtes affez fiers pour croire mériter ce titre, je vous appelle tous, j'implore votre fecours. Citoyens, Etrangers même, fi vous êtes vertueux, la Patrie vous adopte. En fervant l'Etat vous devenez fes enfans. J'afpire à la gloire d'être votre Chef. Enchaînons le crime, commandons au hafard, diminuons la fomme des maux. Faifons tous enfemble l'effai de ce que peut fur la Terre l'autorité unie à la vertu. Croit-on qu'avec de tels fentimens, il regardât les honneurs, le rang ou la naiffance comme un droit qui difpenfe d'être vertueux ? Et qu'étoit la Nobleffe dans fon inftitution, que l'image facrée & le fymbole de la vertu même ? Tout a été perdu, dès que ces deux chofes ont été féparées. On peut donc juger de quel œil il regardoit le vice même accrédité & puiffant ; quel mépris il avoit pour ceux qui, chargés d'une illuftre naiffance, déshonorent à la fois leurs aïeux & eux-mêmes, aviliffent & les honneurs qu'ils ont, & ceux auxquels ils prétendent, infultent à la renommée, & joignent l'orgueil à la honte. Le DAUPHIN refpectoit les titres ; mais il jugeoit les personnes ; & jamais la bienséance ne lui arracha pour les Dignités cet hommage du cœur qu'il n'accordoit qu'au mérite.

On ne peut être vertueux, sans être juste; & cette qualité est peut-être de toutes, celle qui est la plus nécessaire au Prince. Comme il y a dans les grandes sociétés un effort continuel pour rompre l'équilibre d'égalité établi entre tous les Citoyens, la Justice réagit contre cet effort, & tend à rétablir la proportion altérée par les forces qui se combattent. C'est la Justice qui crie à l'homme puissant, tu es esclave de la Loi; c'est elle qui dit au riche, le pauvre est ton égal. Si la Justice s'assoupit, la tyrannie s'éveille: le monstre lève aussi-tôt ses cent bras ; & les chaînes de l'oppression s'étendent. Je ne fais point un mérite au DAUPHIN d'avoir eu la justice dans le cœur; c'étoit son devoir, puisqu'il étoit Prince. Mais je remarquerai qu'elle tenoit en lui à un respect inviolable pour les Loix. Comme il les avoit méditées, il avoit appris à les aimer. De-là son éloignement pour les abus du pouvoir. Il pensoit que tout Membre de l'Etat ne doit être jugé que par la Loi de l'Etat, & que la liberté du Citoyen ne peut être sacrifiée qu'à la liberté publique. Ce même sentiment lui faisoit détester les accusations secrettes, & cette espèce d'hommes aussi vile que

lâche

lâche qui trafiquent dans l'ombre , de la sûreté de leurs Concitoyens. Il regardoit les délations comme le reffort d'un Gouvernement foible & corrompu qui avilit une partie des Citoyens, pour perdre l'autre , corrompt les ames en payant l'in-famie , & encourage à la calomnie par l'intérêt. Pour rendre inutiles ces moyens honteux de nuire , il vouloit qu'il n'y eût d'autres crimes que ceux de la Loi , & que la Loi elle-même accufât ceux qu'elle condamne. Ce Prince eût donc défiré d'être jufte ; mais pour l'être , il veut connoître la vérité. Il s'effraye à la vue d'une efpèce de confpiration générale pour plonger les Princes dans l'erreur. Toutes les Hiftoires lui offroient la vérité trahie dans les Cours par ambition ou par foibleffe , des Rois qui ignoroient feuls ce qui étoit fu de l'Europe entière , & les cris des Peu-ples gémiffans repréfentés aux pieds des Trônes , comme les acclamations de la félicité publique. Epouvanté de ces exemples , il cherche par-tout la vérité ; il l'étudie dans les Livres ; il l'invite dans les converfations ; il tâche de la familiarifer avec fon rang ; il conjure fes amis de ne pas le traiter comme Prince ; offrez-moi , leur dit-il , la vérité fans détour , fi vous m'en croyez digne. Il faut publier , à la gloire de ceux qui l'ont appro-ché , qu'il eut quelquefois ce bonheur. Il trouva des hommes qui eurent le courage de lui dire des

vérités fortes ; & il eut le courage encore plus
grand de les en aimer davantage. Comme il con-
noissoit les Cours, il savoit que de tout temps il
y a eu des flatteurs qui, pour plaire, se sont fait
un système de corrompre, & veulent aller à la
fortune par la bassesse. Il avoit donc appris à se dé-
fier des hommes. Osons le dire, la crainte d'être
trompé le rendoit soupçonneux: mais ce sentiment
qui dans Tibère & Louis XI n'a produit qu'une
politique sombre, dans Antonin ou Marc-Aurèle
n'eût été qu'un instrument de plus pour le bonheur
public. Plaignons les hommes de ce que trop souvent c'est leur rendre justice que de les estimer
peu; mais plaignons encore plus les Princes d'être
assez malheureux pour avoir acquis le droit funeste de juger ainsi l'humanité. Dans le DAUPHIN,
cette défiance étoit même respectable, parce
qu'elle prenoit sa source dans sa passion pour le
bonheur des Peuples. Son cœur brûloit du saint
amour de la Patrie. Cet amour, cette vertu tendre
& sublime devroit peut-être dans les Monarchies
être encore plus l'ame des Princes que des Citoyens. Les Princes ne sont-ils pas les premiers
Enfans de la Patrie? N'a-t-elle pas tout fait pour
leur grandeur? Ne prodigue-t-elle pas pour eux
son sang, ses travaux, ses richesses? Ne sont-ce
pas les Peuples qui nourrissent le Père de l'Etat,
qui travaillent pour le servir, qui meurent pour

le défendre ? Ne doit-il pas y avoir entre eux & lui un commerce touchant de bienfaits, de services & de reconnoiffance ? L'ame du DAUPHIN fentoit vivement ces rapports fi doux du Prince avec le Peuple. Dans ces temps malheureux où l'inexorable néceffité de l'Etat forçoit d'augmenter le poids des impofitions publiques, il eût voulu retrancher fur fes propres dépenfes, pour diminuer le fardeau des Citoyens. Il calcule avec une économie févère, ce qu'il coûte à l'Etat. Il ne veut point permettre que fa penfion foit augmentée. J'aimerois mieux, dit-il, que cette fomme pût être diminuée fur les tailles. Triftes Habitans des Campagnes, vous qui dans les champs de vos pères travaillez toute l'année pour payer à l'Etat le fruit de votre induftrie & de vos peines, le bruit de la mort de ce Prince fans doute eft déjà parvenu jufques fous vos cabanes obfcures. Vous l'avez apprife peut-être, lorfque vous arrofiez quelque fillon de vos fueurs. Ah! que vos ames fimples & droites s'attendriffent fur lui ! Dites, en vous repofant un moment fur votre charrue, il eût voulu nous rendre heureux. Quand vous gémirez, quand l'indigence fera couler vos pleurs, dites, hélas ! s'il eût vécu, fa main eût voulu les effuyer ! Dans vos Temples groffiers, aux pieds de vos Autels ruftiques, offrez des vœux pour lui, il ne ceffoit d'en faire pour votre bonheur. Il a porté ce fentiment jufqu'au tombeau, & même en expirant, toujours occupé de vos befoins, il a craint d'être à charge après fa mort. Tant qu'il a vécu, ne pouvant faire le fort de la Nation, il fecouroit du moins tous les infortunés qu'il connoiffoit. Une partie de la fomme que l'Etat lui paye chaque mois, il la deftine à foulager les infortunes fecrettes de ces familles qui, victimes à la fois de la mifère & de la honte, craignent d'expofer leur malheur à l'œil infultant du mépris. Il nourrit ces Guerriers qui n'ayant de patrimoine que l'honneur, font menacés de perdre par l'indigence, une vie qu'ils ont prodiguée pour l'Etat. C'eft ainfi qu'en faifant du bien aux Particuliers, il fe rend digne d'en faire à la Nation ; car le droit d'être bienfaifant eft un droit qu'il faut mériter de la Nature : elle endurcit les ames viles pour les punir, & condamne leurs yeux à ne jamais verfer ces douces larmes qui font la plus pure récompenfe de la vertu. Rappellerai-je ce jour & cette chaffe déplorable où un hafard funefte amena fous les coups de ce Prince un Ecuyer malheureux ? Le DAUPHIN innocent montre le même défefpoir qu'Alexandre coupable. Non, je n'infulte pas l'humanité jufqu'à louer un Prince d'un fentiment qui n'eft que jufte : c'eft par de telles louanges que des efclaves corrompent des Rois. Mais fon défefpoir, à la vue de cet événement funefte, fes

tranfports, fes cris, fes pleurs, l'ardeur avec laquelle il fe précipite fur ce corps fanglant, les
foins tendres qu'il prodigue à cet infortuné, &
par lefquels il femble vouloir le rappeler à la vie,
la douleur profonde qu'il a toujours confervée,
la lettre éloquente qu'il écrivit à la veuve, fes
foins paternels pour le fils, fa réfolution de re-
noncer pour toujours à un amufement qu'il aimoit, réfolution qu'il a tenue le refte de fa vie,
tout annonce en lui, non la pitié d'un moment,
mais cette fenfibilité profonde d'un cœur vrai-
ment humain qui fait eftimer la vie d'un homme,
& fent que toute la puiffance des Rois n'eft rien
pour réparer de tels malheurs.

Cette humanité, la première des vertus, avoit
été développée en lui dans une de ces circonf-
tances qui donnent à l'ame une forte fecouffe, &
y laiffent une impreffion qui ne s'efface plus. O
jour de Fontenoi! Jour de notre grandeur! La
France avoit vaincu fous les yeux de fon Maître.
Trois Nations avoient fui. Les débris de quinze
mille hommes étoient répandus fur la plaine. Le
tumulte avoit ceffé. Un calme affreux régnoit fur
tout ce champ de carnage. Des morts entaffés
fur des morts, des vainqueurs immolés fur des
vaincus, des guerriers mutilés, des reftes épars,
des mourans & des hommes plus malheureux qui
ne peuvent mourir, les gémiffemens fourds, les

cris aigus, le fang, l'horreur, toutes les bleſſures, tous les genres de mort, toutes les ſcènes de carnage, quel ſpectacle pour un jeune Prince élevé & nourri dans les Palais de Verſailles, & qui ſort des Fêtes brillantes de l'Hymenée. C'eſt la première leçon d'humanité que la Nature lui donne. L'éclat de la victoire diſparoît, la pitié dans ſon cœur élève un cri touchant & terrible. Son Père attendri, & qui pleure les malheurs des Rois, trouve à ſes côtés un Fils digne de lui. Les larmes du DAUPHIN coulent. L'humanité s'écrie, tu feras digne de gouverner les hommes, & la Patrie qui l'obſerve, ſent avec tranſport qu'elle aura un ami dans un Prince. Cette ſenſibilité étoit encore relevée par ſon courage. On l'avoit vu donner des marques de valeur dans cette même bataille. On l'avoit vu, quand nos troupes fuyoient, quand la victoire étoit preſque décidée pour l'ennemi, vouloir s'élancer à la tête de la Maiſon du Roi, pour aller charger cette colonne terrible; & il avoit fallu retenir un Prince de ſeize ans qui ne voyoit que la gloire où quarante mille hommes ne voyoient que le danger. Deux batailles de plus donnent la paix aux Nations. Mais des diviſions nouvelles naiſſent du ſein même de la paix. Une étincelle en Amérique allume l'embraſement en Europe. On s'agite. Les États ſe heurtent. Le Nord eſt ébranlé. Le

Midi répond à ces grands mouvemens. Tout s'arme ; & tandis que les ravages de la guerre s'étendent vers les extrémités de l'Amérique, de l'Afrique & de l'Asie, l'Allemagne est le centre d'un mouvement plus terrible. Cinq grandes Armées s'y entrechoquent. Les batailles se multiplient, les événemens se succèdent, & la renommée attentive est occupée à publier les succès ou les revers. Parmi ces secousses générales, l'ame du DAUPHIN est agitée ; il brûle d'être utile à son Pays ; il porte tout le poids de l'oisiveté des Cours, & voudroit, à la tête des Armées de la France, balancer aussi la fortune, & se faire une renommée. Il sollicite aux pieds du Trône l'honneur de commander. Jusqu'à présent, dit-il, je n'ai rien fait pour les Peuples; j'apprendrai du moins à les défendre. Car, quoiqu'il sentît vivement combien la guerre est un fléau barbare, il voyoit que tel est le sort des Rois, tel est cet équilibre si vanté de l'Europe, que parmi les chocs continuels de l'ambition, la guerre y est presque inévitable ; qu'un Prince a besoin de la connoître pour ne la pas craindre, & que pour n'être point attaqué, il faut pouvoir combattre. Il est important, disoit-il encore, qu'un homme qui doit régner soit connu dans l'Europe : sa réputation devient une partie de sa puissance. Si ses

vœux avoient pu être remplis, fi la crainte d'expofer une Tête fi chère à l'Etat, n'eût forcé
l'Etat lui-même à fe priver d'un tel fecours,
l'Allemagne auroit vu de nouveau Germanicus
à la tête des Armées. Il fût peut-être devenu pour
la France, ce qu'a été pour l'Angleterre ce Prince
noir fi célèbre, mort comme lui à la fleur de fon
âge, & pleuré auffi de fon Pays. Il eût, comme
ces deux Princes, joint la fageffe à la valeur;
comme eux, il eût allié les graces à la dignité du
Commandement ; & adoré des troupes, elles
euffent fait de grandes chofes, autant pour lui
peut-être, que pour la Patrie. Tel eft le fentiment
qu'il leur avoit infpiré dans le Camp de Compiegne, où on le vit honorer la dignité de Soldat
par toutes les careffes d'un Général, & enchanter
l'Officier par ces graces nobles dont le cœur d'un
François fent fi bien le prix. O tranfports ! O tendreffe ! On admiroit en lui la douce égalité, la
familiarité touchante, & ce charme fecret qui va
fi bien chercher les cœurs. Tous étoient à lui.
Officiers & Soldats, Citoyens, Etrangers, & la
Cour & le Peuple, tout étoit rempli de la plus
douce ivreffe. On crut revoir des traits de Henri
IV. On crut quelquefois l'entendre. Son nom
étoit dans toutes les bouches. Chacun le bénif-
foit; & ces plaines de Compiegne, ces plaines

qu'il voyoit alors pour la dernière fois, ne refen- tiffoient que d'acclamations de joie, & de chants militaires.

A tant de vertus, il joint le mérite plus rare encore de ne pas les connoître. Sans fafte, fans oftentation, auffi loin de l'orgueil qui veut s'élever, que de l'orgueil qui s'humilie, fim- ple dans fes difcours comme dans fes mœurs, inconnu à fes propres yeux, il ne fe doute pas même des droits qu'il peut avoir à l'eftime. Sa modeftie le calomnioit fans ceffe. Un jour il s'étonne de s'entendre louer. Quel droit, dit-il, ai-je à des éloges? Je n'ai rien fait. Cette ame noble & pure comptoit pour rien fes vertus & quinze ans de travaux pour fe rendre utile. Ce fentiment fe répandoit fur toute fa Perfonne. Il oublioit qu'il étoit Prince. Le fafte, qu'on prend fi aifément pour de la grandeur, ne put jamais approcher de lui. Il le méprifoit. Il fuyoit le luxe, moins encore parce qu'il corrompt & re- trécit l'ame, que par un goût naturel de fim- plicité. Econome, parce qu'il ne perdoit jamais de vue la fource des richeffes des Princes; il craignoit toujours que ce qui étoit deftiné à fes propres befoins, ne fût le pain du Laboureur, & l'aliment du Pauvre. Il craignoit prefque de trouver ce fruit des impofitions publiques, hu- mide encore des larmes de quelques malheureux.

Par tout ce que j'ai dit de l'ame du DAUPHIN, il est aisé de voir que la sensibilité faisoit la base de son caractère. On a demandé si dans un Prince cette qualité n'étoit pas plus dangereuse qu'utile, & si la raison seule & l'amour général de l'ordre ne suffisoient pas pour faire le bien. Je plains ceux dont l'ame indifférente & froide peut faire de pareilles questions. Je les plains de raisonner si tristement les devoirs, & de méconnoître ce pouvoir invincible du sentiment sur le cœur de l'homme. C'est la raison qui nous éclaire, mais c'est le sentiment qui nous fait agir. C'est lui seul qui échauffe l'ame, & lui donne cette activité rapide & brûlante qui triomphe de tout, & exécute tout. C'est lui qui combat les passions viles par une passion généreuse & forte. C'est lui qui anime le tableau de l'ordre & du bonheur public, mort pour celui qui ne voit que des proportions & des rapports. C'est lui qui fait l'enthousiasme des grandes choses. C'est lui qui saisit l'ame du Prince, qui la transporte au milieu de vingt millions d'autres ames, qui l'unit invinciblement à toutes celles-là, qui lui ôte son existence particulière, pour ne lui laisser que cette existence commune & générale, qui humecte ses yeux de toutes les larmes qui se répandent, qui le fait frissonner à tous les gémissemens, qui le fait palpiter à la vue de tous les malheureux, qui porte sur son cœur le contre-coup de tous les maux épars fur trois cens lieues de pays, qui le force par un pouvoir ir-réfiftible à foulager ceux qui fouffrent, pour fe délivrer lui-même d'une douleur qui le fatigue & le tourmente, qui le récompenfe enfuite par les tranfports raviffans qu'excite la vue d'un Peuple heureux, & multiplie encore le bien par le charme inconcevable de l'avoir fait. O raifon! O froide & calculante fageffe! as-tu jamais rien fait de pareil pour le bonheur des hommes?

Ce fentiment, le principe & l'ame des vertus, n'unit pas feulement le Prince aux peuples; il lui fait aimer d'autres devoirs moins étendus, mais non moins chers & plus près encore de la nature. Il préfide aux noms facrés d'époux, de fils & de père. Toutes les vertus font liées. Celui qui ne remplit pas les devoirs d'un homme, ne remplira point ceux d'un Roi; & Louis XI, qui fut un fils dénaturé, ne fut pour les peuples qu'un tyran. Le DAUPHIN n'intéreffe pas moins fous ces nouveaux rapports; & comme il n'eut à rougir de rien, nous n'aurons rien à déguifer. J'aime à revenir fur ces jours de fa jeuneffe, où fon cœur s'ouvrit pour la première fois au doux fentiment de l'amour, & où il forma aux pieds des autels les premiers nœuds. Son ame ardente & fenfible, & à qui la voix puiffante de la nature commençoit à parler, fe livra à tous les

tranſports d'une première paſſion ; & les charmes
de la vertu ſe mêlant à l'enthouſiaſme de l'amour,
ſa paſſion même devint pour lui un reſſort utile.
Elle commença à donner plus de vigueur à ſes ſentimens & d'étendue à ſes idées. Il vivoit dans l'u-
nion la plus tendre : il étoit heureux. Vains ſonges
de la vie ! A peine avoit-il goûté le bonheur , que
tout ce qu'il aimoit lui fut arraché. Dans l'âge où
l'on commence à peine à ſentir , il éprouva les
couvulſions de la douleur & les tourmens du dé-
ſeſpoir. O vous qui deviez le conſoler , qui étiez
deſtinée à le rendre heureux le reſte de ſa vie, Prin-
ceſſe à qui il fut ſi cher , & qui le pleurez aujour-
d'hui avec la France, ah ! pardonnez ſi je retrace ici
ſes premiers ſentimens. Rien de ce qui intéreſſe ſa
gloire ne vous eſt étranger : vous eûtes celle d'ef-
facer en lui des impreſſions terribles & profondes.
Vous lui apprîtes qu'il pouvoit connoître encore
l'amour; & ſon ame flétrie ſentit avec étonnement
qu'elle alloit renaître au bonheur. Seize ans ſe ſont
écoulés dans l'enchantement de la ſociété la plus
douce; & la Cour a vu dans la maiſon d'un Prince
toute la ſimplicité des mœurs antiques. Sainte &
paiſible innocence de deux jeunes époux qui s'ai-
ment, malheur aux ſiècles & aux villes où vous
ne ſeriez plus regardée comme le premier bonheur
& le plus touchant des ſpectacles ! Les douceurs
de la vie domeſtique ont pour les ames ſaines un

charme que les ames corrompues ne peuvent connoître. C'eft le premier vœu de la nature ; elle
récompenfe tous ceux qui rempliffent fes devoirs
fimples & touchans. Peut-être même ces devoirs
font-ils plus néceffaires aux Princes , qui n'étant
prefqu'entourés que de courtifans & de flatteurs ,
privés des doux plaifirs de la confiance & de l'égalité , affez malheureux pour n'avoir prefque rien
qu'ils puiffent aimer, s'ils veulent goûter quelques-
uns de ces plaifirs de l'ame , charme néceffaire de
la vie, font obligés de fe rejeter dans les bras de
la nature. Le DAUPHIN y cherchoit l'heureux dé-
laffement de fes travaux. Tout le temps qu'il
n'employoit pas à des études pénibles , il le paf-
foit entre une époufe & des fœurs adorées. Leurs
cœurs unis s'épanchoient enfemble. Pourquoi ces
vertus d'un Prince ne font-elles plus parmi nous
que les vertus du peuple ?

Je parlerai avec le même plaifir de fa piété filiale
& de fon amour fi tendre pour celui qu'il adoroit
comme père , & refpectoit comme Roi. Placé près
du trône, il parut n'envifager ce rang que pour le
redouter. Il ne s'occupoit que de travaux pour le
bien remplir un jour : il ne faifoit des vœux que
pour ne le remplir jamais. Je ne fuis ni courtifan
ni orateur ; je ne fuis qu'interprète de la vérité ,
& fimple hiftorien des penfées de ce Prince. Je
le vois au milieu de fes enfans , tantôt fouriant à

leurs careſſes ; tantôt occupé du ſoin de former leurs ames encore jeunes , & de développer leurs idées naiſſantes. Il regardoit comme le plus ſaint de ſes devoirs celui de père. Ah ! penſoit-il ſouvent, ſi le Citoyen obſcur doit compte à la Patrie des Citoyens qu'il lui donne , quelle dette n'ai-je pas à remplir , moi dont les enfans gouverneront un jour l'Etat ? Il faut d'abord que j'en faſſe des hommes, pour en faire enſuite des Princes. Chaque vertu que je leur inſpirerai ſera un bienfait à la Patrie. Chaque négligence ſeroit un crime contre la nation. Je réponds à la poſtérité & de tout le mal qu'ils peuvent faire , & de tout le bien qu'ils ne feront pas. Il s'occupoit donc tous les jours de leur éducation. Il s'attachoit ſur-tout à leur inſpi-rer cette tendre humanité qui eſt trop rarement la vertu des Cours. Conduiſez mes enfans, diſoit-il, dans la chaumière du payſan ; montrez-leur tout ce qui peut les attendrir ; qu'ils voient le pain noir dont ſe nourrit le pauvre ; qu'ils touchent de leurs mains la paille qui lui ſert de lit. Je veux qu'ils apprennent à pleurer. Un Prince qui n'a jamais verſé de larmes ne peut être bon. Voilà les leçons qu'il vouloit qu'on leur donnât. Le jour où on leur ſuppléa les cérémonies du baptême, il ſe fit apporter devant eux le regiſtre où la Religion inſ-crit les noms des enfans baptiſés. Le nom du fils d'un artiſan précédoit ſur la liſte celui des jeunes

Princes. Il le leur montra. Apprenez de-là, leur dit-il, que tous les hommes font égaux par le droit de la nature, & aux yeux de Dieu qui les a créés.

Quoique tous fes enfans lui fuffent également chers, fes premiers foins étoient pour l'enfant de la patrie, pour celui que fa naiffance appeloit à la fonction pénible & dangereufe de gouverner un jour. Dès que l'ame de ce jeune Prince eût été capable de porter des leçons plus dignes de l'homme, fon deffein étoit de lui donner alors une feconde éducation. Alors il eût voulu être le premier gouverneur de fon fils. Ah ! dans ces conférences fecrettes que n'eût-il pas dit à ce jeune Prince ! De quel ton il lui auroit parlé de fes devoirs ! Comme il fe feroit attendri en lui prononçant les noms de la Patrie & du Peuple ! Comme à ces noms fi doux il l'eût quelquefois arrofé de fes larmes ! Comme il eût porté la perfuafion dans fon cœur, en y verfant les fentimens enflammés du fien ! O vous qui êtes chargé de ce précieux dépôt, fuppléez à tout ce qu'un père auroit voulu faire ! C'eft à vous qu'il a légué fes fentimens & fon ame pour les tranfmettre à ce fils. Parlez-lui fouvent des exemples de fon père. Parlez-lui de fes devoirs. Qu'il en connoiffe l'étendue. Montrez-lui la deftinée de tout un peuple qui doit dépendre un jour de fes vertus ou de fes vices, tous les maux qu'il doit prévenir, tout le bien qu'il doit faire, l'influence qu'il doit avoir fur les mœurs, le refpeft qu'il doit infpirer pour les loix. Qu'il fache que fa jeuneffe n'eft point deftinée au plaifir ni au repos, que fa vie toute entière doit être pénible & laborieufe. Portez dans fon ame une terreur utile. Epouvantez-le par le tableau de toutes les grandes qualités qui lui feront néceffaires, les lumières pour juger, l'activité pour agir, la circonfpection pour douter, l'énergie de l'ame pour vouloir, le génie de l'avenir, la fcience du moment, la fûreté du coup d'œil, cette humanité qui met le Prince à la place du Sujet, cette économie qui calcule le fang & les larmes, cet empire de foi-même qui tient l'ame en équilibre avec tout ce qui eft au dehors, ce noble orgueil de la confcience qui s'indigne des fauffes louanges des efclaves, enfin ce defpotifme heureux de la vertu qui veut commander feule & fans partage fous l'empire des Loix, pour arracher les Peuples à l'empire des tyrans fubalternes. Mais en l'effrayant de fes devoirs, ah ! faites-les-lui aimer. Qu'ils deviennent fon occupation la plus douce. Que fa penfée ne puiffe fe repofer fur eux, fans que fon ame n'éprouve une émotion fecrette. Qu'au milieu de fes travaux l'idée du bonheur public vienne quelquefois l'attendrir utilement, & faire couler quelques larmes de fes yeux. Telles auroient été

les

les intéreffantes leçons que le DAUPHIN , s'il eût vécu, auroit donné à fon fils.

Celui qui aimoit ainfi fes Enfans , fa Patrie , fon Epoufe , fon Père , devoit avoir befoin d'amis. Il en avoit. Ce n'étoit point les amis d'un Prince , c'étoit ceux d'un Particulier fenfible. Il n'oublioit pas cependant qu'il étoit à la Cour. Comme un homme qui marche fur un terrein dangereux , & qui en marchant cherche à affurer fes pas , il ob-fervoit long-temps avant que d'aimer : mais fon amitié, quand il la donnoit, étoit fuivie de la plus douce confiance. Elle étoit toujours le prix de la vertu. Avec quelle tendre inquiétude il s'occupoit de fes amis pendant la guerre ! Leur abfence fai-foit éprouver des befoins réels à fon cœur. Alors il avoit recours à cet art qui fans doute a été in-venté par l'amour ou l'amitié , art qui rapproche les ames & communique les fentimens à la plus grande diftance. Ses lettres étoient comme fa converfation. Une gaieté douce & familière s'y mêloit à la tendreffe naturelle de fon cœur. Il avoit ce tour aimable de plaifanterie qui fuppofe toujours la fineffe des idées , tour fi agréable quand c'eft la nature qui le donne , fi ridicule quand c'eft la vanité qui le cherche. Il n'eût tenu qu'à lui d'avoir befoin de fon rang pour fe faire pardonner fes bons mots ; mais il fe livroit à ce goût avec

D

tout l'agrément d'un particulier, & toute la dif-
crétion d'un Prince.

On ne connoîtroit pas le DAUPHIN, fi
je ne parlois d'un fentiment qui régloit en lui
tous les autres, & qui étoit profondément gravé
dans fon cœur ; c'eft la Religion. Je n'entrerai
dans aucun détail fur cet important fujet. Il ap-
partient aux Miniftres des Autels. Déja ils ont fait
retentir les Temples de leurs éloges facrés. Pour
moi je ne fuis que l'orateur de la Patrie, & je
n'envifage ici le DAUPHIN que comme Prince,
C'eft fous ce rapport que je regarderai l'efprit de
Religion, & que je verrai fur-tout en lui un frein
puiffant qui foumet à des Loix invincibles, ceux
qui par la force font au-deffus des Loix. L'efprit
religieux donne un maître à celui qui n'en a pas. Il
affermit fa morale. Il contrebalance fes paffions.
Il met un prix à fes vertus. Il place le remords
à la fuite du crime, & la crainte à côté de
la toute-puiffance. Il montre un Juge entre les
Rois & le Peuple. Il leur fait voir au deffus de
leur tête un dépôt terrible où va fe rendre chaque larme qui coule & qu'ils pouvoient empêcher, chaque goutte de fang qu'ils ont verfé in-
juftement, chaque foupir du foible qu'ils n'ont
pas entendu, chaque cri de l'infortuné auquel
ils ont été infenfibles. Il les traîne d'avance à

ce tribunal où l'infortune publique élévera sa voix pour les accufer, où vingt millions d'hommes réunis crieront tous à la fois : ô Dieu ! qui nous as créés, rends-nous juftice, nous avons été malheureux. Il leur offre fur-tout un grand & magnifique modèle. La contemplation du premier Etre élève & agrandit l'ame. Elle la foutient dans des combats dont Dieu eft le témoin. Elle lui défend de s'avilir devant Dieu qui la voit. Ah ! fi la vue d'un ami vertueux m'empêche de faire le mal, que fera donc le Prince qui marche en préfence de Dieu ? Celui qui médite l'éternelle Juftice, doit être jufte. Celui qui penfe à la Bonté infinie deviendra bon. Sans ceffe il tendra à fe perfectionner lui-même, & à s'approcher de l'Etre qu'il contemple. Sainte & fublime idée de Dieu, remplis donc l'ame des Rois ou de ceux qui doivent le devenir, & pour le bonheur de l'humanité, fais qu'ils foient religieux afin qu'ils foient juftes. Le DAUPHIN étoit profondément rempli de ces idées, & il les regardoit comme un garant de plus du bonheur des hommes. Un efprit comme le fien accoutumé à des lectures fortes qui avoient élevé fon ame en l'éclairant, ne pouvoit confondre avec la Religion, cette fuperftition qui la déshonore. Auffi fage qu'inftruit, auffi éloigné de la licence qui ôte des chaînes utiles & facrées, que de la fuperftition qui veut en donner de nouvelles, il honoroit Dieu avec la grandeur que cet Etre suprême exige de l'homme. Il protégeoit les Miniſtres des Autels comme Citoyens; il les reſpeƈtoit lorſqu'ils s'honoroient par leurs mœurs. Il avoit appris par l'Hiſtoire que dans certains ſiècles il avoit fallu les craindre. Le choc éternel du Sacerdoce & de l'Empire lui avoit fait chercher ſans préjugé comme ſans foibleſſe les limites des deux pouvoirs, limites trop ſouvent déplacées par l'ambition, par l'ignorance ou par les mains ſanglantes du fanatiſme. Les maux que ce fanatiſme avoit cauſés d'un bout de l'Europe à l'autre, lui en avoit inſpiré une juſte horreur. Il liſoit avec plaiſir ces livres où la douce humanité lui peignoit tous les hommes & même ceux qui s'égarent, comme un peuple de frères. Auroit-il donc été lui-même ou perſécuteur ou cruel ? Auroit-il adopté la férocité de ceux qui comptent l'erreur parmi les crimes & veulent tourmenter pour inſtruire. Ah ! dit-il plus d'une fois, ne perſécutons point. Ce n'eſt pas ainſi qu'on éclaire les hommes. Empêchons qu'ils ne faſſent du mal, mais ſans leur en faire. Peuples, Soldats, Citoyens, voilà le Prince que vous regrettez. Voilà celui qui étoit deſtiné à vous gouverner un jour. Mais tant de connoiſſances & de vertus devoient être inutiles à la Patrie. Il devoit mourir jeune, & avant d'avoir goûté la douceur de faire du bien à fon pays. Depuis plufieurs années il portoit dans fon fein le germe d'une maladie funefte. Long-temps nous l'avons vu fe flétrir & fe confumer fous nos yeux. Chaque jour lui ôtoit une partie de lui-même ; mais il n'interrompit jamais fes travaux, & il fembloit furvivre à fes forces par le défir de nous être utile. L'efpérance nous reftoit encore ; elle difparut à la fin. C'eft alors que nous avons vu un fpectacle à la fois touchant & magnifique. C'eft alors que nous avons connu ce Prince qui jufqu'à ce moment l'avoir été trop peu. Ne craignons pas de l'avouer, il a commencé à paroître grand lorfque les autres ceffent de l'être. Forcé pendant trente ans à n'être rien, il lui a fallu mourir pour montrer ce qu'il étoit ; & le trifte flambeau de la mort, feul a répandu fa lumière fur fa vie. Pour le louer ici, l'éloquence n'a rien à exagérer : il fuffit de raconter. On lui annonce qu'il doit mourir : il n'en eft pas ému. Son cœur eft tranquille & fon vifage ne s'altère pas. Sa gaieté même ne l'abandonne pas un moment. Entouré de vifages défolés, lui feul paroît indifférent & calme. Sa grandeur eft fans effort, & fa fermeté fans oftentation. Il ne s'élève pas. Il ne voit pas même qu'on le regarde. Chaque jour il mefure l'état où il eft, par la force de fes idées, & calcule avec tranquillité la diminution fucceffive de fon être. Il a le loifir de fe livrer à l'impreſſion de tous les objets qui l'affectent. Il obſerve tout. Il ſourit au milieu de ſes douleurs. Une douce plaiſanterie ſe mêle à ces momens affreux. On diroit qu'il n'eſt que le ſpectateur d'une choſe indifférente ; & la mort ne ſemble être pour lui qu'une action ordinaire de la vie. Quoi ! dans le moment où tout échappe , où le Trône s'enfonce & ne laiſſe voir à ſa place qu'un tombeau qui s'ouvre, quand tous les êtres qui environnent l'ame, s'en détachent & ſe reculent , quand les ſens qui la lient à l'Univers ſe retirent, quand les reſſorts de la machine crient & ſe rompent , lorſque le temps n'eſt plus que le calcul lent & affreux de la deſtruction , quand l'ame ſolitaire arrachée à la nature & à ſes propres ſens eſt ſur le point d'entrer dans un avenir impé-nétrable , quoi dans ce moment être tranquille ! Qui peut ainſi affermir l'homme au milieu de tout ce qu'il y a de plus effrayant pour l'hom-me ? Ah ! c'eſt la paix de l'homme de bien. C'eſt la douce conſcience de la vertu. C'eſt le ſen-timent ſecret de l'immortalité ; l'immortalité ! le plus ſaint des déſirs , la plus précieuſe des eſpérances , qui pendant la vie donne des tranſ-ports à l'ame généreuſe , & raſſure à la mort l'ame juſte. Et que peut craindre l'homme ver-tueux quand il va rejoindre le premier Etre ? N'a-t-il pas rempli le poſte qui lui étoit aſſigné dans la nature ? Il a été fidèle aux loix qu'il a reçues. Il n'a point défiguré son ame aux yeux de celui qui l'a faite. Peut-être a-t-il ajouté quelque chose à l'ordre moral de l'Univers. L'heure sonne. Le temps a cessé pour lui. Il va demander à Dieu la récompense du Juste. C'est un fils qui a voyagé & qui retourne vers son père. Qu'est-ce qu'un trône dans ce moment ? Un grain de sable un peu plus élevé sur la terre. Alors ces vains objets disparoissent. Mais il en est de plus touchans & qui ont le droit d'intéresser jusques dans les bras de la mort. Ce sont ceux qui pendant une vie courte & agitée ont été les appuis de notre foiblesse : ce sont les ames sur qui notre ame se reposoit avec attendrissement, & qui partageant avec nous nos plaisirs & nos peines, nous faisoient éprouver les charmes si doux de la sensibilité. C'est en les quittant que l'ame se déchire. C'est alors que l'on meurt ; car qu'est-ce que mourir, sinon se séparer de ceux qu'on aime ? L'ame du DAUPHIN malgré sa fermeté a donc senti la mort. Car son courage n'a point empêché qu'il ne fût sensible. Il a rempli en mourant les plus tendres devoirs envers tous ceux qu'il a aimés. Ses mains affoiblies pressent celles du meilleur des pères. Il lui recommande ceux qui lui ont été chers, & dépose dans son cœur paternel des soins que son amitié ne peut plus remplir. Il partage toute la douleur d'une Mère. Il donne les marques de l'amour le plus tendre à une Epouse qu'il adore, à des Sœurs qu'il a toujours chéries. Sa main mourante détache deux boucles de ses cheveux. Il leur remet ce gage, triste partie de lui-même, qu'elles verront encore quand il ne sera plus. Il prend la main d'un homme qu'il avoit aimé; il la serre contre son cœur, & lui dit, vous n'êtes jamais sorti de ce cœur-là. Il fait rassembler autour de son lit tous ceux qui par leur rang, par leur devoir, par les nœuds bien plus respectables de l'amitié, avoient été attachés à sa personne. Il les regarde tous avant de mourir. Il les remercie avec l'affection la plus tendre. Il s'émeut en les voyant pleurer. Ah! dit-il, je savois bien que vous m'aviez toujours aimé. Mais vous, ô ses amis, vous qui aviez été les confidens de toutes ses pensées, & qui cachés dans ce moment, vouliez lui dérober vos larmes, son œil vous cherche, il veut encore une fois se reposer sur vous. Il vous reconnoît, mais son ame attendrie ne peut supporter ce spectacle, & il se détourne en soupirant. Déja il se sentoit affoiblir. Il veut dire adieu à ses Enfans. Il veut les embrasser encore une fois, leur donner la dernière bénédiction & les derniers avis d'un Père. Mais il craint de ne pouvoir soutenir une scène aussi touchante. Il appelle celui qui est chargé de leur éducation. Son

cœur lui confie les derniers mouvemens de sa
tendresse pour ses Enfans, & sa voix entrecou-
pée affoiblie par la douleur & par l'amour, peut
à peine prononcer les dernières paroles. Prêt à
expirer, les questions qu'il fait encore sont sur les
personnes qu'il aime, & qu'il ne voit plus. On
avoit arraché d'auprès de lui l'Epouse à qui il
étoit si cher. Son repos, son état l'occupe encore dans ce moment. Ah! du moins, demande-
t-il, peut-elle pleurer? Il ne faut pas que la Patrie ignore que son souvenir fut aussi mêlé aux
derniers momens de ce Prince. Presqu'en mourant il fit des vœux pour elle; & ses bras à demi-
glacés se soulevèrent pour demander au Ciel le
bonheur de la France. Ainsi est mort ce Prince
trop peu connu, & qui ne sera jamais assez regretté; ce Prince qui a été vertueux à la Cour,
qui eût été populaire sur le Trône, qui aimoit sin-
cèrement l'Etat & l'humanité, qui a eu toutes les
vertus d'un homme, & qui auroit eu celles d'un
Roi; qu'on a méconnu, parce qu'il n'avoit pas
cet empressement qui court à la renommée, dont
l'exemple apprend à tous les Princes comme ils
doivent vivre, & à tous les hommes comme ils
doivent mourir. Il a mérité nos regrets, notre
estime, peut-être notre admiration : la postérité
le louera sans doute, & la Justice tardive honorera du moins son tombeau.

La mort d'un homme vertueux est un malheur pour l'humanité entière : non que son influence puisse s'étendre sur le Monde ; quelquefois il vit & meurt obscur ; mais il n'est pas moins vrai qu'il orne la Terre, & donne plus de dignité à la Nature humaine. Ce sont ces ames qui réconcilient les regards de Dieu avec la Terre. Mais si l'homme vertueux qui meurt étoit un Prince, s'il est mort à la fleur de son âge, s'il devoit faire un jour le bonheur des hommes, quelle doit être alors la douleur publique ? La mort du DAUPHIN a intéressé la France, & les ennemis même de la France. La Cour qui l'a vue de plus près, en a été consternée. Les vastes Palais de Fontainebleau ont été baignés de larmes. On arrache la Famille Royale à un séjour désolé. On fuit : ces Palais immenses deviennent déserts, & la mort seule y habite : mais tous les cœurs restent attachés à cet Appartement funèbre ; ils errent autour de ce lit de mort, & fixés près d'une vaine cendre, redemandent au Ciel ce qui n'est plus. Quel retour ! Presque jusqu'au dernier moment on avoit espéré. On revoit ces chemins par où il avoit passé, où la douce espérance le soutenoit encore. Ces chemins retentissent de gémissemens. La nouvelle arrive dans Paris : en un instant elle est répandue dans les Maisons, dans les Places publiques. *Il est mort.* A ce mot, qui de nous n'a été attendri ? Notre froide indifférence s'est émue. Nos vains plaifirs ont été fufpendus. Tous les vrais Citoyens ont pleuré. Le Riche s'eft étonné de fe trouver fi fenfible. Le Pauvre a fenti qu'il pouvoit être plus malheureux. Le Peuple, ce bon Peuple, toujours vrai dans fa douleur comme dans fa joie, a formé des regrets fincères, il a gémi de cette mort comme d'une calamité perfonnelle pour lui. Les Soldats en pleurant, ont renverfé leurs Drapeaux. On a pris le deuil dans les Provinces éloignées. L'amour de la Patrie qui y eft plus vif, y a rendu la douleur plus touchante. Plus on aime la vertu, & plus on a regretté ce Prince. Tous les Temples ont été revêtus de deuil. Le deuil eft étendu fur la France ; mais le cri de la Nature s'élève au milieu de la douleur générale de la Nation : la Nature défolée pleure une double perte. Quel moment que celui où un Roi qui vient de perdre fon Fils déja formé pour le Trône, un Roi fenfible, un Père tendre, pénétré de douleur, fe fait amener les Princes fes Petits-Fils, faifit avec tranfport l'aîné de ces jeunes Enfans, l'enlève entre fes bras, le preffe contre fes joues mouillées de larmes, & s'écrie plufieurs fois en pleurant, vous êtes donc mon fucceffeur. A ce fpectacle perfonne ne peut retenir fes larmes ; & toute la Cour en filence crut perdre le DAUPHIN

une feconde fois. Ainfi , ô révolution des temps!
ainfi , après la mort du célèbre Duc de Bourgogne, on vit Louis XIV en cheveux blancs , pan-
ché fur le berceau de Louis XV , le careffer de
fes mains royales, & regarder avec attendriffement
dans ce jeune Enfant , l'efpérance d'un grand
Peuple.

Mais vous, fur qui maintenant les yeux de la
Patrie font fixés , vous qui occupez la place du
Prince que nous regrettons , en fuccédant à fon
rang , Prince fuccédez auffi à fes vertus. Qu'un
fi grand exemple ne foit pas perdu pour vous. Je
crois entendre votre augufte Père qui vous dit
encore ; mon Fils, vous êtes né pour régner, mais
votre naiffance n'eft qu'un hafard dangereux, votre enfance n'eft qu'un état de foibleffe. A votre
âge qu'êtes-vous pour l'humanité? Qu'êtes-vous
pour la Patrie? Acquérez des vertus , vous mé-
riterez des hommages. Votre rang vous promet
des grandeurs, vos vertus feules vous donneront
l'eftime des hommes. Vous avez des refpects ,
mais ils ne font point encore à vous. Ne vous y
trompez pas : on honore en vous le rang qui
vous eft deftiné ; on honore le fang de votre
Aïeul. Méritez qu'un jour ces refpects d'un Peuple s'adreffent à vous-même. O Prince! plus avan-
cé en âge , vous entendrez fouvent prononcer le
nom de votre Père. On vous demandera compte

de ce qu'il eût voulu faire pour la France. Sa
mort vous a chargé d'une dette immenfe, & qu'une
vie entière confacrée à l'Etat peut à peine ac-
quitter. Croiffez pour la Patrie. Croiffez pour la
rendre heureufe. Ah! fi jamais des flatteurs cher-
choient à corrompre votre ame, fi l'oubli des
faints devoirs que votre rang vous impofe, pouvoit un jour vous égarer, alors puiffiez-vous voir
la tombe de votre Père! Jurez fur cette tombe
d'être vertueux, d'aimer la Patrie, de travailler
à fon bonheur ; ou fi jamais ce trifte & utile
fpectacle ne devoit frapper vos yeux, ah! les
lieux même qu'il a habités, ces lieux témoins de
fes travaux, ces appartemens qui ont retenti plus
d'une fois des témoignages de fa juftice & de fa
bonté, tout vous reprocheroit un jour de ne pas
lui reffembler. On vous remettra dans quelques
années ces Manufcrits précieux où fes fentimens
font tracés. Vous y trouverez par-tout l'amour
du bien public, & ce défir facré du bonheur des
hommes. Si la vertu n'étoit pas dans votre cœur,
pourriez-vous en foutenir la vue dans ces Ecrits ?
Ah Prince ! l'heureufe néceffité d'être vertueux
vous environne de toute part. Ceux qui ont entouré votre Père, qui l'ont entendu, qui l'ont
admiré, vous redemanderont fes vertus & fon
ame. Les éloges même que dicte par-tout la douleur publique, font pour vous un engagement

(62)

nouveau. Vous y verrez vos devoirs tracés par
des plumes éloquentes. Pardonnez ; j'ai ofé
auffi me mêler dans la foule des Orateurs ; j'ai
ofé, comme Citoyen, élever ma foible voix.
Si elle parvient jufqu'à vous, fi l'amour de l'Etat
qui m'anime peut donner quelque prix à mon hommage, fi les vertus du Prince que j'ai loué font
furvivre cet Ecrit aux premiers momens de la
douleur publique, ô Prince ! puiffiez-vous quelquefois le lire ; puiffiez-vous, en le lifant, vous
attendrir, & fur la France, & fur votre augufte
Père, & ne pas défapprouver le zèle d'un Citoyen obfcur, mais vrai & libre, qui ne connoît
de langage que la vérité, & de paffion que celle
de l'amour de fon Pays & de fes Concitoyens.

Tibi providendum eſt ne à bonis defideretur.   Tacit.

A P P R O B A T I O N.

J'Ai lu, par l'ordre de Monfeigneur le Vice-Chancelier,
un Manufcrit intitulé , *Eloge de Louis Dauphin de
France*, & je n'y ai rien trouvé qui m'ait paru devoir en
empêcher l'impreffion. Ce 22 Mars 1766. SAURIN.